Unfinished Flight

Copyright © Kneller, Boston, 2010

All rights reserved

Also by Andrey Kneller:

Wondrous Moment: Selected Poetry of Alexander Pushkin

Evening: Poetry of Anna Akhmatova

Rosary: Poetry of Anna Akhmatova

White Flock: Poetry of Anna Akhmatova

Final Meeting: Selected Poetry of Anna Akhmatova

My Poems: Selected Poetry of Marina Tsvetaeva

Backbone Flute: Selected Poetry of Vladimir Mayakovsky

February: Selected Poetry of Boris Pasternak

The Stranger: Selected Poetry of Alexander Blok

O, Time…: Selected Poetry of Victoria Roshe

Discernible Sound: Selected Poetry

For Lena

Table of Contents

"The spring is just beginning…" 2

"I'm working, with my knife in hand…" 6

He, who's been with her before 8

Silver strings 12

"Now my bride will clearly…" 14

Brotherly graves 16

A song about the hospital 18

Song about a mental clinic 22

"Debris remaining from the crown…" 26

Farewell 30

A song about a friend 32

Parting with mountains 34

"With some time, all let go…" 36

"My friends light up the candles…" 38

Letter before battle 40

Morning workout 44

Lyrical song 48

"I hate…" 50

Lyrical song of the mountain 54

A visit from the Muse 58

On fatal dates and figures 62

Fastidious horses 65

The honor of the crown. Training 70

The honor of the crown. Match 74

"You may find it strange…" 80

"All bridges burnt, these fords cannot be crossed..."	82
My Hamlet	84
Unfinished flight	90
Someone else's rut	96
The Parable about the Truth and the Lie	102
"I'd never be fooled by the mirage's grand features..."	106

Vladimir Vysotsky

Songs and Poems

***

Весна еще в начале,
еще не загуляли,
Но уж душа рвалася из груди,
Но вдруг приходят двое,
с конвоем, с конвоем,
"Оденься, - говорят, - и выходи".

Я так тогда просил у старшины:
"Не уводите меня из весны!"

До мая пропотели,
все расколоть хотели,
Но, нате вам - темню я сорок дней,
И вдруг, как нож мне в спину –
забрали Катерину,
И следователь стал меня главней.

Я понял, понял, что тону.
Покажьте мне хоть в форточку весну.

И вот опять вагоны,
перегоны, перегоны,
И стыки рельс отсчитывают путь,
А за окном зеленым –
березки и клены,
Как будто говорят: "Не позабудь".

А с насыпи мне машут пацаны.
Зачем меня увозят от весны?

Спросил я Катю взглядом:
"Уходим?" - "Не надо".
"Нет, Катя, без весны я не могу!"

***

The spring is just beginning
We haven't started singing
My soul's already jumping from my chest, --
And then they came to pester
With escorts, with escorts
And told me, "hurry up, get dressed!"

Oh how I begged the sergeant to re-think:
"Don't take me away from the spring!"

Til May, with no progression--
They asked for my confession,
But I was stubborn! Forty days they've tried.
But then, my heart was pierced, --
My Katharine was seized
And the detective gained more rights than I.

I understood that I began to sink.
Just through the window, let me see the spring!

And once again, it's starting,
In train cars, we're departing
And rail junctions measure what's ahead.
And in the light of day, --
Maples and birches sway
And all of them are begging "Don't forget!"

The lads were waving, standing on the brink.
Why do they steal me away from the spring?

In asking Kathy I was very prudent:
"Let's leave now?" –"We shouldn't."
"I've had it up to here! – this isn't right!"

И мне сказала Катя:
"Что ж, хватит, так хватит".
И в ту же ночь мы с ней ушли в тайгу.

Как ласково нас встретила она!
Так вот, так вот какая ты, весна.

А на вторые сутки
на след напали суки,
Как псы, на след напали и нашли,
И завязали суки
и ноги, и руки,
Как падаль, по грязи поволокли.

Я понял, мне не видеть больше сны,
Совсем меня убрали из весны.

1962

And so replied, my Kathy:
"You've had it, you've had it."
We ran away through tundra in the night.

How warm was her embrace, oh just to think! –
So this is what you're like, my lovely spring!

And only two days passed
Those bitches sensed our tracks, --
Like dogs, they sensed the path we've trod, --
Those bitches had no right
Our legs and arms were tied--
Like carrion they dragged us through the mud.

No longer will I ever dream a thing,
I've lost all ties to my beloved spring!

1962

***

Я в деле, и со мною нож –
И в этот миг меня не трожь,
А после - я всегда иду в кабак,-
И кто бы что не говорил,
Я сам добыл - и сам пропил,-
И дальше буду делать точно так.

Ко мне подходит человек
И говорит: "В наш трудный век
Таких, как ты, хочу уничтожать!"
А я парнишку наколол –
Не толковал, а запорол,-
И дальше буду так же поступать.

А хочешь просто говорить –
Садись за стол и будем пить,-
Мы все с тобой обсудим и решим.
Но если хочешь так, как он,-
У нас для всех один закон,
И дальше он останется таким.

1962

***

I'm working, with my knife in hand, -
Don't vex me now, you understand,
And later – I'll be going to the bar.
Let people think that I'm insane,
But I obtain – I drink my gain, -
And I will do it as I've done so far.

A man walks up to me, enraged,
And he declares, "In this tough age,
I want to execute all crooks like you!"
And in response, I caught this chap, -
I didn't reason, simply stabbed, -
And I'll continue to do just as I do.

You want to tell me what you think -
Come sit with me and we will drink, -
And every problem we'll discuss and fix.
But if you come with his intent, -
One rule applies to every man
And it will always stay just as it is.

1962

Тот, кто раньше с нею был

В тот вечер я не пил, не пел,
Я на нее вовсю глядел,
Как смотрят дети, как смотрят дети,
Но тот, кто раньше с нею был,
Сказал мне, чтоб я уходил,
Сказал мне, чтоб я уходил,
Что мне не светит.

И тот, кто раньше с нею был, -
Он мне грубил, он мне грозил, -
А я все помню, я был не пьяный.
Когда ж я уходить решил,
Она сказала: - Не спеши! –
Она сказала: - Не спеши,
Ведь слишком рано.

Но тот, кто раньше с нею был,
Меня, как видно, не забыл,
И как-то в осень, и как-то в осень –
Иду с дружком, гляжу - стоят.
Они стояли молча в ряд,
Они стояли молча в ряд,
Их было восемь.

Со мною нож, решил я: - Что ж,
Меня так просто не возьмешь.
Держитесь, гады! Держитесь, гады! –
К чему задаром пропадать?
Ударил первым я тогда,
Ударил первым я тогда –
Так было надо.

He, who's been with her before

That night, I didn't drink, I didn't sing,
I stared at her and didn't blink,
As though a child, as though a child,
But he, who's been with her before,
He told me, I should simply go,
He told me, I should simply go,
I'd face denial.

And he, who's been with her before,
Was rude to me, he yelled and swore, -
Yes, I remember - I wasn't drunk then.
But as I tried to walk away,
She told me: - What's the hurry, stay! -
She told me: - What's the hurry, stay,
It isn't late yet.

But he, who's been with her before,
Remembered and did not let go,
Then, in the fall, then, in the fall -
I'm with my friend, they blocked our lane.
They stood together in a chain,
They stood together in a chain,
Eight men in all.

I've got my knife, and I decide:
I won't go down without a fight.
Watch out, you fools! Watch out, you fools!
Why should I wait to be submersed?
And so, I chose to strike them first,
And so, I chose to strike them first,
Those were the rules.

Но тот, кто раньше с нею был,
Он эту кашу заварил
Вполне серьезно, вполне серьезно.
Мне кто-то на плечи повис,
Валюха крикнул: - Берегись! –
Валюха крикнул: - Берегись! –
Но было поздно.

За восемь бед - один ответ.
В тюрьме есть тоже лазарет,
Я там валялся, я там валялся.
Врач резал вдоль и поперек,
Он мне сказал: - Держись, браток! –
Он мне сказал: - Держись, браток! –
И я держался.

Разлука мигом пронеслась.
Она меня не дождалась,
Но я прощаю, ее прощаю.
Ее, конечно, я простил,
Того ж, кто раньше с нею был,
Того, кто раньше с нею был,
Не извиняю.
Ее, конечно, я простил,
Того ж, кто раньше с нею был,
Того, кто раньше с нею был,
Я повстречаю!

1962

But he, who's been with her before
Would not let up, he wanted more,
To set me straight, to set me straight.
And from behind, someone attacked
Val tried to help me: - Watch your back! -
Val tried to help me: - Watch your back! -
But far too late.

For all eight sins - one resolution.
A prison clinic's - my conclusion,
I lied there flat, I lied there flat.
The surgeon cut across and down
He told me: - Bro, just hang around! -
He told me: - Bro, just hang around! -
And I did that.

And all alone, I served my term,
She did not wait for my return,
But I forgive her, yes, I forgive her.
I don't hold grudges anymore,
But him, who's been with her before,
But him, who's been with her before,
I won't be leaving.
Thought she don't owe me anymore,
With him, who's been with her before,
With him, who's been with her before,
I will get even!

1962

Серебряные струны

У меня гитара есть - расступитесь стены!
Век свободы не видать из-за злой фортуны!
Перережьте горло мне, перережьте вены -
Только не порвите серебряные струны!

Я зароюсь в землю, сгину в одночасье -
Кто бы заступился за мой возраст юный!
Влезли ко мне в душу, рвут ее на части -
Только б не порвали серебряные струны!

Но гитару унесли, с нею - и свободу, -
Упирался я, кричал: "Сволочи, паскуды!
Вы втопчите меня в грязь, бросьте меня в воду -
Только не порвите серебряные струны!"

Что же это, братцы! Не видать мне, что ли,
Ни денечков светлых, ни ночей безлунных?!
Загубили душу мне, отобрали волю, -
А теперь порвали серебряные струны...

1963

Silver strings

As I carry my guitar – walls, before me, separate!
I can see no freedom that evil fortune brings!
You can cut my throat, you can slash my veins, irate, -
But be careful not to rip my cherished silver strings!

I'll dig myself into the dirt, and disappear, perhaps, -
Would you shield a tortured youth underneath your wings!
They have climbed into my soul and tore it into scraps,
I only hope they do not rip my cherished silver strings.

They took my freedom – my guitar, my life is out of order, -
I had to watch these scumbags ravage through my things!
"Kick me straight into the mud, throw me in the water -
But, I beg you, do not rip my cherished silver strings!"

What has happened, brothers? Am I never destined
To observe the sun again, or how the twilight sinks?!
They took away my freedom, left my soul in festers, -
And now they have completely ripped my cherished silver strings..

1963

***

За меня невеста отрыдает честно,
За меня ребята отдадут долги,
За меня другие отпоют все песни,
И, быть может, выпьют за меня враги.

Не дают мне больше интересных книжек,
И моя гитара - без струны,
И нельзя мне выше, и нельзя мне ниже,
И нельзя мне солнца, и нельзя луны.

Мне нельзя на волю - не имею права,
Можно лишь от двери - до стены,
Мне нельзя налево, мне нельзя направо,
Можно только неба кусок, можно только сны.

Сны про то, как выйду, как замок мой снимут,
Как мою гитару отдадут.
Кто меня там встретит, как меня обнимут
И какие песни мне споют?

1963

***

Now, my bride will clearly weep for me sincerely,
And my friends will settle all my debts at last,
Others men will gather to sing my songs completely,
And, perhaps, my enemies may even raise a glass.

They'll no longer grant me here books that I desire,
One of my guitar strings has become undone.
Here, I can't get lower and I can't get higher,
I can't have the moon, and I can't have the sun.

Here, I don't have freedom – stripped of rights outright,
To the door or to the wall - no matter how I rage,
Here, I can't turn left and I can't turn right,
I can only have my dreams and the skyline's edge.

Dreams of how I'll leave from my prison hastily,
With my old guitar in hand, I'll walk out free.
Who will come to greet me, who will then embrace me,
And what songs, I wonder, will they sing to me?

1963

Братские могилы

На братских могилах не ставят крестов,
И вдовы на них не рыдают,
К ним кто-то приносит букеты цветов,
И Вечный огонь зажигают.

Здесь раньше вставала земля на дыбы,
А нынче - гранитные плиты.
Здесь нет ни одной персональной судьбы -
Все судьбы в единую слиты.

А в Вечном огне виден вспыхнувший танк,
Горящие русские хаты,
Горящий Смоленск и горящий рейхстаг,
Горящее сердце солдата.

У братских могил нет заплаканных вдов -
Сюда ходят люди покрепче.
На братских могилах не ставят крестов,
Но разве от этого легче?..

1964

Brotherly graves

No crosses are placed on the brotherly graves,
And here no widows are mourning.
Some only bring flowers to honor the place,
And keep the Eternal flames burning.

This earth used to spurt and abandon its sleighs,
But now it just sleeps in the sun.
And here there are no individual fates -
All fates have grown into one.

The Eternal flame shows a flickering tank,
We watch Russian villages smolder,
The burning Smolensk, the burning Reichstag,
The burning heart of a soldier.

No mourning widows come to this place -
The people who come here are tougher.
No crosses are placed on the brotherly graves,
But how can that bring any comfort?...

1964

Песня о госпитале

Жил я с матерью и батей
на Арбате, - здесь бы так.
А теперь я в медсанбате
на кровати, весь в бинтах.

Что нам слава, что нам Клава -
медсестра и белый свет!
Помер мой сосед, что справа,
тот, что слева - еще нет.

И однажды, как в угаре,
тот сосед, что слева, мне
Вдруг сказал: «Послушай, парень,
у тебя ноги-то нет».

Как же так! Неправда, братцы!
Он, наверно, пошутил?
«Мы отрежем только пальцы», -
так мне доктор говорил.

Но сосед, который слева,
все смеялся, все шутил,
Даже если ночью бредил -
все про ногу говорил.

Издевался, мол, не встанешь,
не увидишь, мол, жены!
Поглядел бы ты, товарищ,
на себя со стороны.

Если б был я не калека
и слезал с кровати вниз,
Я б тому, который слева,
просто глотку перегрыз!

A song about the hospital

The Arbat, with mom and pop,
Offered its advantages.
Now – the clinic, I'm on top
Of the bed in bandages.

Who needs fame or light of day?
Who needs Claudia, the nurse?
My right neighbor passed away
And my left one's getting worse.

And one day the left one told me,
From the fever, I suspect:
"Listen, buddy," rather coldly,
"Did you know you've lost a leg?"

It can't be! He must be merely
Joking with me, I suppose…
I recall the doc said clearly:
"We'll just amputate your toes."

But the left one drove me crazy, -
He kept calling me a wreck,
Even in a nightmare frenzy -
Kept on mentioning my leg.

He was taunting: "You will never
Walk again without help
And your wife will leave forever!"
If you could only see yourself!

If I wasn't such a cripple,
Climbing down on one leg,
Then my life would be so simple,
I would cut the left one's neck!

Умолял сестричку Клаву
показать, какой я стал...
Был бы жив сосед, что справа, -
он бы правду мне сказал.

1964

Now I'm begging Claudia nightly:
"Bring a mirror, I insist…"
If the right one was beside me, -
He would tell me like it is.

1964

Песня о сумасшедшем доме

Сказал себе я: брось писать, -
    но руки сами просятся.
Ох, мама моя родная, друзья любимые!
Лежу в палате - косятся,
    не сплю: боюсь - набросятся, -
Ведь рядом - психи тихие, неизлечимые.

Бывают психи разные -
    не буйные, но грязные, -
Их лечат, морят голодом, их санитары бьют.
И вот что удивительно:
    все ходят без смирительных
И то, что мне приносится, все психи эти жрут.

Куда там Достоевскому
    с "Записками" известными, -
Увидел бы, покойничек, как бьют об двери лбы!
И рассказать бы Гоголю
    про нашу жизнь убогую, -
Ей-богу, этот Гоголь бы нам не поверил бы.

Вот это мука, - плюй на них! -
    они же ведь, суки, буйные:
Все норовят меня лизнуть, - ей-богу, нету сил!
Вчера в палате номер семь
    один свихнулся насовсем -
Кричал: "Даешь Америку!" - и санитаров бил.

Я не желаю славы, и
    пока я в полном здравии -
Рассудок не померк еще, но это впереди, -
Вот главврачиха - женщина -
    пусть тихо, но помешана, -
Я говорю: "Сойду с ума!" - она мне: "Подожди!"

Song about a mental clinic

I told myself:-- you mustn't write!
   But stubborn hands will not comply,
Oh, help me mother! Friends-- I'm in a fix!
I lie in bed -- they grin at me,
   They might attack me terribly,
I'm scared to sleep: they're noiseless, hopeless freaks.

The psychos vary here, and sure,
   Not all are rowdy, some impure,
Receiving treatment -- getting starved and beat,
But here is what surprises me:
   These madmen here are walking free,
And all the food that I receive, they simply take and eat.

Great Dostoyevsky's fallen short
   With the renowned, famous "Notes"!
I wish the poor deceased could come and see!
The famous Gogol I could tell
   Such stories of this life in hell
That sure to God, this Gogol would most-boggled be!

Can't stand this! Spit on those baboons,
   'cause after all, they're rowdy loons!
They always aim to lick me on my face!
In number seven, yesterday,
   Some loon, in utter disarray -
Just yelled, "America!" and stormed around the place.

I don't want fame, and just for now,
   I'm still remaining sane somehow,
I've yet to lose my head, but that's my fate.
Here is the chief, -- the woman nurse,
   She's just a little crazed of course,
I yell that I am going mad and she just tells me: "Wait."

Я жду, но чувствую - уже
    хожу по лезвию ноже:
Забыл алфавит, падежей припомнил только два...
И я прошу моих друзья,
    чтоб кто бы их бы ни был я,
Забрать его, ему, меня отсюдова!

1965

And I am sensing while I wait,
   I'm walking on a sharpened blade, -
Forgot the alphabet, - my language's Greek to me!
And I am asking friends mine this
   Whoever I'm of theirs is
Of him, to take, his, me away from outtahere!

1965

***

В куски
разлетелася корона,
Нет державы, нет и трона.
Жизнь России и законы –
Все к чертям!

И мы,
словно загнанные в норы,
Словно пойманные воры,
Только кровь одна с позором
Пополам.

И нам
ни черта не разобраться –
С кем порвать и с кем остаться,
Кто за нас, кого бояться,
Где пути, куда податься - Не понять!

Где дух?
Где честь?
Где стыд?

Где свои, а где чужие?
Как до этого дожили,
Неужели на Россию нам плевать?

Позор –
всем, кому покой дороже,
Всем, кого сомненье гложет,
Может он или не может
Убивать.

***

Debris
Remaining from the crown
With no state, no throne around,
There is no country left to govern -
All is damned!

And we're
Chased to holes like hunted game,
Caught like thieves to face the blame,
There's only blood and shame,
To withstand.

For us
It's impossible to find
With whom to split, with whom to bind,
Who's with us and whom to mind,
Where to go, where to unwind - we can't tell!

Where's spirit?
Where's honor?
Where's guilt?

Who are friends and who are strangers,
How did we neglect this danger,
Do we wish to cast this land to hell?

And shame -
On all of those who value rest,
On those whose conscience is a pest,
Who cannot choose in all this mess
To kill.

Сигнал!...
И по-волчьи, и по-бычьи
И как коршун на добычу.
Только воронов покличем
Пировать.

Эй, вы!
Где былая ваша твердость,
Где былая ваша гордость?
Отдыхать сегодня - подлость!
Пистолет сжимает твердая рука.

Конец,
Всему
конец.

Все разбилось, поломалось,
Нам осталось только малость –
Только выстрелить в висок иль во врага.

1965

A call!...
And like a bull during a fray,
Like a hawk after a prey,
Inviting ravens all to stay
For the meal.

Hey you!
Where's the strength that lit your face?
Where's the pride with which we've gazed?
To rest today - it's a disgrace!
Grip the pistol in your hand and go!

An end,
To all.
An end.

All is broken, all seems brittle,
We are left with just a little, -
Fire at one's temple or the foe.

1965

Прощание

Корабли постоят и ложатся на курс,
Но они возвращаются сквозь непогоды.
Не пройдет и полгода - и я появлюсь,
Чтобы снова уйти,
        чтобы снова уйти на полгода.

Возвращаются все, кроме лучших друзей,
Кроме самых любимых и преданных женщин.
Возвращаются все, - кроме тех, кто нужней.
Я не верю судьбе,
        я не верю судьбе, а себе - еще меньше.

Но мне хочется думать, что это не так, -
Что сжигать корабли скоро выйдет из моды.
Я, конечно, вернусь, весь в друзьях и мечтах.
Я, конечно, спою,
        я, конечно, спою, - не пройдет и полгода.

1966

Farewell

Ships will linger awhile, plan their voyage, and sail.
And though the weather is foul, they will soon reappear.
Half-a-year will not pass and I'll return without fail,
Just to set out again,
        just to sail again half-a-year.

Everybody comes back, only dear friends get lost,
And the faithful women with whom we were blessed,
Everybody returns, but the ones we need most,
I believe not in fate,
        I believe not in fate, in myself – even less.

I would like to believe all is not how it seems,
That the burning of ships is a craze that can't last.
I will surely return, full of friends, full of dreams,
I will soon sing again,
        I will soon sing again - half-a-year will not pass.

1966

Песня о друге

Если друг оказался вдруг
И не друг, и не враг, а - так,
Если сразу не разберешь,
Плох он или хорош,-
Парня в горы тяни - рискни!
Не бросай одного его,
Пусть он в связке в одной с тобой –
Там поймешь, кто такой.

Если парень в горах - не ах,
Если сразу раскис и - вниз,
Шаг ступил на ледник и - сник,
Оступился - и в крик,-
Значит, рядом с тобой - чужой,
Ты его не брани - гони:
Вверх таких не берут, и тут
Про таких не поют.

Если ж он не скулил, не ныл,
Пусть он хмур был и зол, но - шел,
А когда ты упал со скал,
Он стонал, но - держал,
Если шел за тобой, как в бой,
На вершине стоял хмельной,-
Значит, как на себя самого,
Положись на него

1966

A song about a friend

If your friend just became a man,
Not a friend, not a foe, - just so,
If you cannot decide from the start,
If he has a good heart, -
To the peaks take this man - don't fret!
Do not leave him alone, on his own,
Let him share the same view with you -
There you'll know if he's true.

If the guy on the peak got weak,
If he lost all his care - got scared,
Just one step on the ice - he flies,
One missed step - and he cries, -
Then the one you held close is false,
Do not bother to yell - expel:
We can't take such aboard, and in short,
No one sings of his sort.

If the guy didn't whine or pine,
Became dull and upset, but went,
And the time when you slipped off the cliff,
He had tightened his grip,
If he walked right along, seemed strong,
On the top stood like he belonged, -
Then whenever the outlook seems grim,
You can count on him!

1966

Прощание с горами

В суету городов и в потоки машин
Возвращаемся мы - просто некуда деться!
И спускаемся вниз с покоренных вершин,
Оставляя в горах свое сердце.

Так оставьте ненужные споры!
Я себе уже все доказал –
Лучше гор могут быть только горы,
На которых еще не бывал.

Кто захочет в беде оставаться один?
Кто захочет уйти, зову сердца не внемля?
Но спускаемся мы с покоренных вершин –
Что же делать, и боги спускались на землю.

Так оставьте ненужные споры!
Я себе уже все доказал –
Лучше гор могут быть только горы,
На которых еще не бывал.

Сколько слов и надежд, сколько песен и тем
Горы будят у нас и зовут нас остаться.
Но спускаемся мы - кто на год, кто совсем,
Потому что всегда мы должны возвращаться.

Так оставьте ненужные споры!
Я себе уже все доказал –
Лучше гор могут быть только горы,
На которых никто не бывал.

1966

Parting with mountains

To the bustle of cities and the crowded streets
We return for these places have bound us.
We descend from the conquered mountain peaks,
Leaving our hearts in the mountains.

I've proven it all to myself many times,
So stop your debates, I beseech,
And to me the one thing that is better than heights
Is the height that I haven't yet reached!

Who would want to be left all alone in a mix?
To descend when the heart starts to revel?
Still we leave from the conquered mountain peaks -
Gods, themselves, have descended from heaven.

I've proven it all to myself many times,
So stop your debates, I beseech,
And to me the one thing that is better than heights
Is the height that I haven't yet reached!

Beautiful verses in their honor were penned
And the mountains call us to stay.
For a year or forever - but we have to descend,
We must always return, either way.

I've proven it all to myself many times,
So stop your debates, I beseech,
And to me the one thing that is better than heights
Is the height that nobody has reached!

1966

***

Свои обиды каждый человек -
Проходит время - и забывает,
А моя печаль - как вечный снег,-
Не тает, не тает.

Не тает она и летом
В полуденный зной,-
И знаю я: печаль-тоску мне эту
Век носить с собой.

1966

***

With some time, all let go
Of the grievances they've felt,
But my grief - like endless snow, -
Doesn't melt, doesn't melt.

In the summer, it won't thaw
In the midday heat, -
Centuries will pass, I know,
But it'll stay with me.

1966

***

Мне каждый вечер зажигают свечи,
И образ твой окуривает дым,-
И не хочу я знать, что время лечит,
Что все проходит вместе с ним.

Я больше не избавлюсь от покоя:
Ведь все, что было на душе на год вперед,
Не ведая, она взяла с собою –
Сначала в порт, а после - в самолет.

В душе моей - пустынная пустыня,-
Так что ж стоите над пустой моей душой!
Обрывки песен там и паутина,-
А остальное все она взяла с собой.

В душе моей - все цели без дороги,-
Поройтесь в ней - и вы найдете лишь
Две полуфразы, полудиалоги,-
А остальное - Франция, Париж...

И пусть мне вечер зажигает свечи,
И образ твой окуривает дым,-
Но не хочу я знать, что время лечит,
Что все проходит вместе с ним.

1967

***

My friends light up the candles for me still,
And in the smoke your image is outlined, -
And I don't want to know that time will heal,
That everything will pass away with time.

No longer will I lose my peace, unnerved:
For any burden on my soul and any pain,
Unknowingly, she took along with her -
At first into the port, then - on the plane.

Inside my soul there are deserted lands, -
What are you seeking in this fruitless blur!
There are just fragments of old songs and webs, -
And all the rest she took along with her.

Inside my soul are goals without means, -
Go dig inside - you'll find there, by chance,
Two simple phrases and unfinished scenes, -
And all the rest is now in Paris, France…

My friends light up the candles for me still,
And in the smoke, your image is outlined, -
But I don't want to know that time will heal,
That everything will pass away with time.

1967

Письмо перед боем

Полчаса до атаки.
Скоро снова под танки,
Снова слышать разрывов концерт.
А бойцу молодому
Передали из дома
Небольшой голубой треугольный конверт.

И как будто не здесь ты,
Если почерк невесты,
Или пишут отец или мать...
Но случилось другое,
Видно, зря перед боем
Поспешили солдату письмо передать.

Там стояло сначала:
"Извини, что молчала.
Ждать устала...". И все, весь листок.
Только снизу приписка:
"Уезжаю не близко,
Ты ж спокойно воюй и прости, если что!"

Вместе с первым разрывом
Парень крикнул тоскливо:
"Почтальон, что ты мне притащил?
За минуту до смерти
В треугольном конверте
Пулевое ранение я получил!"

Он шагнул из траншеи
С автоматом на шее,
От осколков беречься не стал.

Letter before battle

Half an hour till battle.
And the tanks will soon rattle,
And the concert of blasts will boom on the slopes.
But, a personal matter, -
The soldier picked up a letter
In a tiny, triangular, blue envelope.

It's as if you're ceased fighting,
If your girlfriend is writing
Or if your father and mother have sent you a note…
But something different transpired
And the evening was mired,
With just minutes till battle, you read it, distraught.

There it was, so degrading:
"I got tired of waiting.
Should've written you sooner…" And that was the end.
At the bottom, she added,
"Best of luck in the battle,
I'll be moving away soon. I won't write you again."

With the first detonation,
He screamed with frustration:
"Hey, mailman, you are leaving me wrecked!
Just a minute from death,
You have taken my breath
With a wound from a bullet that I didn't expect!"

He climbed out of the trench
With his firearm clenched,
Not avoiding the shards that cut through his skin.

И в бою под Сурою
Он обнялся с землею,
Только ветер обрывки письма разметал.

1967

In some small Sura town,
He collapsed to the ground,
And the scraps of his letter were swept by the wind.

1967

Утренняя гимнастика

Вдох глубокий. Руки шире.
Не спешите, три-четыре!
Бодрость духа, грация и пластика.
Общеукрепляющая,
Утром отрезвляющая,
Если жив пока еще –
гимнастика!

Если вы в своей квартире –
Лягте на пол, три-четыре!
Выполняйте правильно движения.
Прочь влияния извне –
Привыкайте к новизне!
Вдох глубокий до изне-
можения.

Очень вырос в целом мире
Гриппа вирус - три-четыре! –
Ширятся, растет заболевание.
Если хилый - сразу в гроб!
Сохранить здоровье чтоб,
Применяйте, люди, об-
тирания.

Если вы уже устали –
Сели-встали, сели-встали.
Не страшны вам Арктика с Антарктикой.
Главный академик Иоффе
Доказал - коньяк и кофе
Вам заменят спорт и профи-
лактика.

Morning workout

Breathe in deeply, arms - stretched more,
Do not hurry, three and four!
Grace and pliability are emphasized.
All around conditioning,
And hangover quickening,
If you're still alive and fidgeting -
Exercise!

If you're working out at home -
Do lie down, three and four!
Correctly go through every motion!
Lose the tension that you feel,
Get accustomed to the drill!
Inhale deeply right until -
Exhaustion!

Quickly growing round the world--
Flu and illness - three and four! -
The disease is gradually flourishing.
If you're weak - straight to the grave!
If you want your wellness saved,
With a towel rub yourself, -
It's nourishing.

If already you feel spent,
Sit and stand, sit and stand.
Do not fear the Arctic and Antarctic!
Our main scholar Dr. Joffe,
Proved to us that booze and coffee
Will be swapped for sporty prophy -
lactic.

Разговаривать не надо.
Приседайте до упада,
Да не будьте мрачными и хмурыми!
Если вам совсем неймется –
Обтирайтесь, чем придется,
Водными займитесь проце-
дурами!

Не страшны дурные вести –
Мы в ответ бежим на месте.
В выигрыше даже начинающий.
Красота - среди бегущих
Первых нет и отстающих!
Бег на месте обще-
примиряющий.

1968

All the talking should be stopped.
Keep on squatting till you drop,
Do not be such gloomy creatures!
If you cannot hold your ardor, -
Rub yourself with something harder,
In the water, you can start the
Drilled procedures!

We're not scared of foolish talk -
In response we run and walk.
Amateurs - triumphant from the start.
Beautiful - right from beginning
No one's losing, no one's winning!
Stationary running's bringing
Peace to hearts.

1968

Лирическая

Здесь лапы у елей дрожат на весу,
Здесь птицы щебечут тревожно -
Живёшь в заколдованном диком лесу,
Откуда уйти невозможно.
Пусть черёмухи сохнут бельём на ветру,
Пусть дождём опадают сирени.
Всё равно я отсюда тебя заберу
Во дворец, где играют свирели!

Твой мир колдунами на тысячи лет
Укрыт от меня и от света, -
И думаешь ты, что прекраснее нет,
Чем лес заколдованный этот.
Пусть на листьях не будет росы поутру,
Пусть луна с небом пасмурным в ссоре...
Всё равно я отсюда тебя заберу
В светлый терем с балконом на море!

В какой день недели, в котором часу
Ты выйдешь ко мне осторожно,
Когда я тебя на руках унесу
Туда, где найти невозможно?
Украду, если кража тебе по душе, -
Зря ли я столько сил разбазарил?!
Соглашайся хотя бы на рай в шалаше,
Если терем с дворцом кто-то занял!

1969

Lyrical song

Here the limbs of the spruces quiver and moan,
And the birds here tweet with concern –
You reside in a spellbound forest, alone,
From which, there's no way of return.
Let the cherry-trees dry, like clothes on a line,
Let the lilacs rain down while swaying,
Either way, I will take you from here to be mine
In a palace where reed pipes are playing!

For a thousand years, the wizards have hidden
Your world from the light and from me, -
You live in seclusion, so blissful and smitten,
Convinced that you're happy and free.
Let the moon and the sky disagree all the time,
Let no dewdrops embellish the flowers,
Either way, I will take you from here to be mine
On the coast in a brightly lit tower!

On what glorious hour, what magical day
Will you greet me with caution and kindness?
You will fall in my arms and I'll take you away
To a place where nobody will find us.
I will steal you away, if that's all that we've got, -
You'll agree - no, I wasn't mistaken!
And you will find your heaven with me in a hut,
If the tower and palace were taken!

1969

***

Я не люблю фатального исхода,
От жизни никогда не устаю.
Я не люблю любое время года,
Когда веселых песен не пою.

Я не люблю холодного цинизма,
В восторженность не верю, и еще -
Когда чужой мои читает письма,
Заглядывая мне через плечо.

Я не люблю, когда наполовину
Или когда прервали разговор.
Я не люблю, когда стреляют в спину,
Я также против выстрелов в упор.

Я ненавижу сплетни в виде версий,
Червей сомненья, почестей иглу,
Или - когда все время против шерсти,
Или - когда железом по стеклу.

Я не люблю уверенности сытой,
Уж лучше пусть откажут тормоза!
Досадно мне, что слово «честь» забыто,
И что в чести наветы за глаза.

Когда я вижу сломанные крылья -
Нет жалости во мне и неспроста.
Я не люблю насилье и бессилье,
Вот только жаль распятого Христа.

Я не люблю себя, когда я трушу,
Обидно мне, когда невинных бьют,
Я не люблю, когда мне лезут в душу,
Тем более, когда в нее плюют.

***

I hate the endings that are grim and fatal,
I love my life and everything I do,
I hate all seasons of the year when I'm unable
To sing my joyous songs to all of you.

I hate the bitter cynics, cold like ice,
But pure excitement isn't any better,
I hate it when a stranger's drifting eyes
Peer from behind to read my private letters.

I hate any half-hearted, fickle act
Or when my conversations can't be frank.
Or when one shoots another in the back
Or even worse, when it is done point-blank,

Or when the facts and gossip become blurred,
I hate it when suspicions do not pass,
I hate it when I'm rubbed, against the fur,
Or when the metal's scrapped against the glass.

I cannot stand both arrogance and pride,
I'd rather have my breaks abruptly fail!
It saddens me that honor's pushed aside,
That slander hides behind an honest veil.

When I see broken wings, I don't pretend to
Commiserate or pity one's demise,
I hate both domination and surrender,
Though something moves me when I think of Christ.

I hate it when I am scared. I feel appalled
When guiltless men are victimized and hit,
I hate it when they climb into my soul,
And when inside, I hate it when they spit.

Я не люблю манежи и арены,
На них мильон меняют по рублю,
Пусть впереди большие перемены,
Я это никогда не полюблю.

1969

I hate the markets and arenas filled with grime,
Where everything is cheapened in the trade,
Perhaps a lot of this will change with time,
But I will always hate the things I hate.

1969

Горная лирическая

Ну, вот исчезла дрожь в руках
Теперь — наверх.
Ну, вот сорвался в пропасть страх
Навек, навек!

Для остановки нет причин
Иду, скользя,
И в мире нет таких вершин,
Что взять нельзя!

Среди нехоженных путей
Один пусть мой,
Среди невзятых рубежей
Один за мной!

А имена тех, кто здесь лег,
Снега таят.
Среди нехоженных дорог
Одна — моя.

Здесь голубым сияньем льдов
Весь склон облит
И тайну чьих-нибудь следов
Гранит хранит!

И я гляжу в свою мечту
Поверх голов,
И свято верю в чистоту
Снегов и слов!

И пусть пройдет немалый срок
Мне не забыть
Как здесь сомнения я смог
В себе убить.

Lyrical song of the mountain

So there, the tremor left my hands,
Now - to the top.
The fear has plunged into the depths,
Now I won't stop!

No cause for rest, no time to ease
I skid, I screech
And in this world there are no peaks
That can't be reached!

Among the undiscovered paths
Let one be mine,
The obstacles which weren't passed
I'll break with time!

The names of those who've fallen here
The snows conceal,
Among the roads on the frontier
There's one - for me.

The ice on frozen cliffs and crags
Reflects the sky,
Beneath the granite someone's tracks
And secrets lie!

I see my dream, in full awareness,
Above all else,
I still believe in truth and fairness
Of words and depths!

And let the stubborn time advance,
I won't forget
That here, by will and not by chance,
I've moved ahead.

В тот день шептала мне вода:
«Удач всегда»,
А день, какой был день тогда?
Ах, да. Среда!

1969

I heard the water sing to me:
"Wish you the best..."
What was the day?... oh, could it be?
A Wednesday, yes...

1969

Посещение Музы

Я сейчас взорвусь, как триста тонн тротила,-
Во мне заряд нетворческого зла.
Меня сегодня Муза посетила,
Посетила, так, немного посидела и ушла.

У ней имелись веские причины,
Я не имею права на нытье.
Представьте, Муза ночью у мужчины!
Бог весть, что люди скажут про нее.

И все же мне досадно, одиноко,
Ведь эта Муза, люди подтвердят,
Засиживалась сутками у Блока,
У Бальмонта жила не выходя.

Я бросился к столу - весь нетерпенье,
Но.. господи, помилуй и спаси!
Она ушла, исчезло вдохновенье
И три рубля, должно быть, на такси.

Я в бешенстве мечусь, как зверь, по дому.
Но бог с ней, с Музой, я ее простил.
Она ушла к кому-нибудь другому,
Я, видно, ее плохо угостил.

Огромный торт, утыканный свечами,
Засох от горя, да и я иссяк.
С соседями я допил, сволочами,
Для Музы предназначенный коньяк.

Ушли года, как люди в черном списке.
Все в прошлом - я зеваю от тоски.
Она ушла безмолвно, по-английски,
Но от нее остались две строки.

A visit from the Muse

At any moment, I'll explode like TNT -
The writer's block will surely make me blow!
Today the Muse came here to visit me,
Before I could relax, she had to go.

She had her reasons, yes, I understand -
I have no right to moan here in dismay,
Just think, a Muse - at night - and with a man!
God only knows what witnesses might say.

And yet I feel rejected and disgraced,
Because this Muse—and many will concur! -
Had lived with Blok for many, many days,
And Balmont too was known to be with her.

I rushed towards the writing desk – impatient.
I beg You, God, have mercy - let me write!
She went away and took my inspiration
And money that she needed for the ride.

I pace around the house like I'm mad.
But I forgive her – though it's rather tough.
She left me for some other lonely lad, -
I guess I didn't treat her well enough.

I made a cake, with candles everywhere, -
Now it dries up from woe – I feel so used.
And with my lowlife neighbors now I share
The cognac that was meant just for the Muse.

Like certain people, years have disappeared,
All's in the past, - I yawning, bored and tired,
She left in silence, like she wasn't here,
But left me with two lines that she inspired.

Вот две строки,- я гений, прочь сомненья!
Даешь восторги, лавры и цветы!
Вот две строки: "Я помню это чудное мгновенье,
Когда передо мной явилась ты!"

1969

Here are the lines - without a doubt, I'm a poet!
I hear applause, there's flowers at my side:
"I still remember that amazing moment
You have appeared before my sight!"

1969

О фатальных датах и цифрах

Поэтам и прочим, но больше - поэтам

Кто кончил жизнь трагически - тот истинный поэт,
А если в точный срок - так в полной мере.
На цифре 26 один шагнул под пистолет,
Другой же - в петлю слазил в "Англетере".

А в тридцать три Христу... (Он был поэт, он говорил:
"Да не убий!" Убьешь - везде найду, мол.)
Но - гвозди ему в руки, чтоб чего не сотворил,
Чтоб не писал и ни о чем не думал.

С меня при цифре 37 в момент слетает хмель.
Вот и сейчас как холодом подуло:
Под эту цифру Пушкин подгадал себе дуэль
И Маяковский лег виском на дуло.

Задержимся на цифре 37. Коварен бог -
Ребром вопрос поставил: или - или.
На этом рубеже легли и Байрон, и Рембо,
А нынешние как-то проскочили.

Дуэль не состоялась или перенесена,
А в тридцать три распяли, но не сильно.
А в тридцать семь - не кровь, да что там кровь - и седина
Испачкала виски не так обильно.

Слабо стреляться? В пятки, мол, давно ушла душа?
Терпенье, психопаты и кликуши!
Поэты ходят пятками по лезвию ножа
И режут в кровь свои босые души.

On fatal dates and figures

For poets and others, but mostly - for poets

A tragic end - is every poet's fate,
And if the timing's right - that poet's rare.
At twenty-six, one faced a gun, dismayed,
Another - found a noose in "Angleterre."

Then, there's Christ, at thirty-three... (He said:
"Thou shall not kill!" – just try, I'll hunt you down)
They crucified him to suppress the threat
Or he'd keep writing, preaching to the crowd.

The number thirty-seven's just as cruel,
I'm sobered up, recalling what's been done:
Great Pushkin picked this number for a duel
And Mayakovsky's temple felt the gun.

Let's stay on thirty-seven. God, the tyrant, -
He put it bluntly: take your pick, right now.
On this frontier, we lost Rimbaud and Byron,
Though modern poets passed it by somehow.

The duel did not take place or got delayed
And they were crucified at thirty-three but barely.
No blood was spilled, only their hair turned gray,
At thirty seven, they were treated fairly.

"Your heart sank to your feet? You're too afraid?"
Have patience, all you psychos with caprices!
These poets walk with heels against the blade
And cut their barefoot hearts to bits and pieces.

На слово "длинношеее" в конце пришлось три "е".
Укоротить поэта! - вывод ясен.
И нож в него - но счастлив он висеть на острие,
Зарезанный за то, что был опасен.

Жалею вас, приверженцы фатальных дат и цифр!
Томитесь, как наложницы в гареме:
Срок жизни увеличился, и, может быть, концы
Поэтов отодвинулись на время!

1971

The long-necked poet gained too much appeal.
So cut him short! – the resolution's wise.
They stab him - but he's glad to feel the steel,
He posed a danger, so he paid the price.

You, numerologists, who think you know the day,
Scared like the concubines in harems, in denial!
The life expectancy has grown and let us pray
That poets' deaths will be postponed awhile.

1971

Кони привередливые

Вдоль обрыва, по-над пропастью, по самому краю
Я коней своих нагайкою стегаю, - погоняю, -
Что-то воздуху мне мало, ветер пью, туман глотаю,
Чую, с гибельным восторгом - пропадаю, пропадаю!

Чуть помедленнее, кони, чуть помедленнее!
Вы тугую не слушайте плеть!
Но что-то кони мне попались привередливые,
И дожить не успел, мне допеть не успеть!

Я коней напою, Я куплет допою, -
Хоть немного еще постою на краю!...

Сгину я, меня пушинкой ураган сметет с ладони,
И в санях меня галопом повлекут по снегу утром.
Вы на шаг неторопливый перейдите, мои кони!
Хоть немного, но продлите путь к последнему приюту!

Чуть помедленнее, кони, чуть помедленнее!
Не указчики вам кнут и плеть.
Но что-то кони мне попались привередливые,
И дожить я не смог, мне допеть не успеть.

Я коней напою, Я куплет допою, -
Хоть немного еще постою на краю!...

Мы успели - в гости к богу не бывает опозданий.
Так что ж там ангелы поют такими злыми голосами?
Или это колокольчик весь зашелся от рыданий,
Или я кричу коням, чтоб не несли так быстро сани?

Fastidious Horses

Along the cliff, by the abyss, where the edge is rather narrow,
With the whip I lash my horses, striking harder, - death defying, -
There's no air for me to breathe, - I drink the wind, the fog I swallow
I can sense with tragic passion that I am dying, - that I am dying!

Slow it down, horses, calm your eagerness!
Do not listen to the old tight thong!
But the horses that I've got are fastidious,
I didn't live out my life, I won't finish my song!

I'll allow them to drink, and this verse I will sing, -
Just a little bit longer I will stay on the brink! ...

A brutal twister like a flake will then sweep me off the palm,
They will drag me on the sled through the morning in a welter,
Slow your gallop, oh my horses, - make it peaceful and calm!
And extend somewhat my journey to the last and final shelter!

Slow it down, horses, calm your eagerness!
Do not listen to the old tight thong!
But the horses that I've got are fastidious,
I didn't live out my life, I won't finish my song!

I'll allow them to drink, and this verse I will sing, -
Just a little bit longer I will stay on the brink! ...

We came in time – there's no lateness to God's palace.
Why are voices of angels overflowing with hate?
Or perhaps it is the bell that is weeping from the malice,
Or I'm pleading my horses to slow down and wait?

Чуть помедленнее кони, чуть помедленнее!
Умоляю вас вскачь не лететь!
Но что-то кони мне достались привередливые,
Коль дожить не успел, так хотя бы допеть!

Я коней напою, Я куплет допою,-
Хоть мгновенье еще постою на краю!...

1972

Slow it down, horses, calm your eagerness!
Do not listen to the old tight thong!
But the horses that I've got are fastidious,
I didn't live out my life, so let me finish this song!

I'll allow them to drink, and this verse I will sing,
For a moment I'll stay on the brink!...

1972

Честь шахматной короны. Подготовка

Я кричал: "Вы что там, обалдели? –
Уронили шахматный престиж!"
Мне сказали в нашем спортотделе:
"Ага, прекрасно - ты и защитишь!

Но учти, что Фишер очень ярок,-
Даже спит с доскою - сила в ем,
Он играет чисто, без помарок..."
Ничего, я тоже не подарок,-
У меня в запасе - ход конем.

Ох вы мускулы стальные,
Пальцы цепкие мои!
Эх, резные, расписные
Деревянные ладьи!

Друг мой, футболист, учил:
"Не бойся,- Он к таким партнерам не привык.
За тылы и центр не беспокойся,
А играй по краю - напрямик!.."

Я налег на бег, на стометровки,
В бане вес согнал, отлично сплю,
Были по хоккею тренировки...
В общем, после этой подготовки –
Я его без мата задавлю!

Ох, вы сильные ладони,
Мышцы крепкие спины!
Эх вы кони мои, кони,
Ох, вы милые слоны!

The honor of the crown. Training

I was yelling: "You're insane! What happened? -
You have lost our prominence for chess!"
They responded from the sports department:
"You can help to lead us from this mess!

But remember, Bobby Fisher's clever, -
Sleeps next to the board and has the might,
He plays neatly, never makes an error..."
That's all right! I surely won't surrender, -
In reserve, I have a sturdy knight.

Oh, my muscles, strong and grand,
Rapid fingers, brutal hooks!
Carved and painted by hand
Wooden castles, wooden rooks!

My friend, the soccer player, told me:
"He's not used to playing such opponents.
Center's yours, don't even worry,
But attack him straight along the corners!..."

I started running, confidence obtaining,
Lost some weight and never slept so fine,
Hockey practices became sustaining...
I must say that after all this training –
I should crush my rival in no time!

Oh, my palms - so full of might,
Lower back so tough and brawny!
Oh, my strong and forceful knights,
Oh, my bishops bring me glory!

"Не спеши и, главное, не горбись,-
Так боксер беседовал со мной.-
В ближний бой не лезь, работай в корпус,
Помни, что коронный твой - прямой".

Честь короны шахматной - на карте,-
Он от пораженья не уйдет:
Мы сыграли с Талем десять партий –
В преферанс, в очко и на биллиарде,-
Таль сказал: "Такой не подведет!"

Ох, рельеф мускулатуры!
Дельтовидные - сильны!
Что мне его легкие фигуры,
Эти кони да слоны!

И в буфете, для других закрытом,
Повар успокоил: "Не робей!
Ты с таким прекрасным аппетитом –
Враз проглотишь всех его коней!

Ты присядь перед дорогой дальней –
И бери с питанием рюкзак.
На двоих готовь пирог пасхальный:
Этот Шифер - хоть и гениальный,-
А небось покушать не дурак!"

Ох мы - крепкие орешки!
Мы корону - привезем!
Спать ложусь я - вроде пешки,
Просыпаюся - ферзем!

1972

"Stand up straight and don't be nervous," -
My friend, the boxer told me that. -
"Don't close in, attack the corpus,
Your advantage is the jab."

Any doubt of losing is now gone, -
The defeat is hanging on his tail:
I played Tal ten times for fun -
In dominoes, in pool and twenty one, -
Tal exclaimed, "He'll never fail!"

Oh, my muscles, big and round!
Bulging out on the sides!
I will instantly wipe out
Lightweight bishops, feeble knights!

Inside a private bar that night,
The chef convinced me: "I just know it,
With that awesome appetite -
You'll eat his pieces in a moment!

Get some sleep before the games ensue -
Bring a lot to eat or you will lose!
Pack some paschal pie, for two,
This Shifer - he's as talented as you,
And when it comes to food, he won't refuse!"

Oh, we're strong and won't go down!
And the crown we will win!
Like a pawn, I lay me down, -
Wake up feeling like a queen!

1972

Честь шахматной короны. Игра

Только прилетели - сразу сели.
Фишки все заранее стоят.
Фоторепортеры налетели –
И слепят, и с толку сбить хотят.

Но меня и дома - кто положит?
Репортерам с ног меня не сбить!..
Мне же неумение поможет:
Этот Шифер ни за что не сможет
Угадать, чем буду я ходить.

Выпало ходить ему, задире,-
Говорят, он белыми мастак! –
Сделал ход с е2 на е4...
Что-то мне знакомое... Так-так!

Ход за мной - что делать!? Надо, Сева,-
Наугад, как ночью по тайге...
Помню - всех главнее королева:
Ходит взад-вперед и вправо-влево,-
Ну а кони вроде - только буквой "Г".

Эх, спасибо заводскому другу –
Научил, как ходят, как сдают...
Выяснилось позже - я с испугу
Разыграл классический дебют!

Все следил, чтоб не было промашки,
Вспоминал все повара в тоске.
Эх, сменить бы пешки на рюмашки –
Живо б прояснилось на доске!

The honor of the crown. Match

As we landed on the ground - we sat down.
All the pieces were already in their spots.
The photographers were swarming all around -
Flashing me and trying to drive me nuts.

But even in my home - who can abate me?
I won't be beaten by reporters' rude abuse!...
My unskillfulness will only aid me:
And this Shifer will not underrate me,
He will never guess my senseless moves.

Lucky bastard, he'll be first to go, -
People say that he is keen with white! --
From E-2 he moves up to E-4…
Seems familiar… that's right, that's right!

It's my turn, - what can you do now, Steph?! -
Guessing, like through Tundra in the night…
Queen is greater than the rest - I recollect:
Moving back and forth, and right to left, -
While the pattern "L" is for the knights.

Now I thank my fellow friend mechanic -
Who has taught me every piece's route…
Later I would learn that from the panic,
I had played a classical debut!

I scrutinized so not a blunder passed
And I thought about my chef, distressed.
Swap each figure for a liquor glass -
And the board will prove who is the best!

Вижу, он нацеливает вилку –
Хочет съесть, – и я бы съел ферзя...
Под такой бы закусь - да бутылку!
Но во время матча пить нельзя.

Я голодный, посудите сами:
Здесь у них лишь кофе да омлет, –
Клетки - как круги перед глазами,
Королей я путаю с тузами
И с дебютом путаю дуплет.

Есть примета - вот я и рискую:
В первый раз должно мне повезти.
Да я его замучу, зашахую –
Мне бы только дамку провести!

Не мычу, не телюсь, весь - как вата.
Надо что-то бить - уже пора!
Чем же бить? Ладьею - страшновато,
Справа в челюсть - вроде рановато,
Неудобно - первая игра...

Он мою защиту разрушает –
Старую индийскую - в момент, –
Это смутно мне напоминает
Индо-пакистанский инцидент.

Только зря он шутит с нашим братом,
У меня есть мера, даже две:
Если он меня прикончит матом,
Я его - через бедро с захватом,
Или - ход конем - по голове!

Я еще чуток добавил прыти –
Все не так уж сумрачно вблизи:
В мире шахмат пешка может выйти –
Если тренируется - в ферзи!

I can see his fork begins to rattle -
He wants to eat, he's aiming for the queen…
With this started, one could use a bottle!
But alcohol's prohibited within.

And I'm hungry, - do not be surprised! -
Eggs and coffee is our only food, -
Squares are more like circles in my eyes,
Kings are more like aces in disguise,
I confuse a double with debut.

There's a superstition - risk's worth taking:
"First time's lucky!" - and I think I'm ready.
I will punish him with constant checking -
Oh, if only I could make my pawn a lady!

I can't make a choice; all seems so blurry.
And it's time to strike - I take my aim!
Hit him with the rook? - Seems kind of surly,
Right hook to the jaw? - A little early,
After all, it's only our first game…

Breaking my defense, he quickly strikes me -
With an Indian approach - from every angle.
This situation seemingly reminds me
Of an Indo-Pakistani struggle.

He should have never joked around with fate!
I have my methods – I'll attack when mad.
If he decides to end it with a mate,
Then I'll tackle him, becoming more irate
Or hit him with a knight - right on the head!

Then a notch of speed I've started gaining -
And all was not as dismal as it seemed:
In the world of chess, a pawn, with training
Can evolve with time into a queen!

Шифер стал на хитрости пускаться:
Встанет, пробежится и - назад;
Предложил турами поменяться,-
Ну, еще б ему меня не опасаться –
Я же лежа жму сто пятьдесят!

Я его фигурку смерил оком,
И когда он объявил мне шах –
Обнажил я бицепс ненароком,
 Даже снял для верности пиджак.

И мгновенно в зале стало тише,
Он заметил, что я привстаю...
Видно, ему стало не до фишек –
И хваленый пресловутый Фишер
Тут же согласился на ничью.

1972

My opponent showed deceptive traits:
He'd get up and walk and come around;
He proposed to me a castle trade, -
It is natural for him to be afraid -
When I bench three hundred lying down!

I diminished his small figure with my stare,
And as he told me, "check," I turned around -
I revealed my biceps, strong and bare,
And even, threw my blazer on the ground.

At that moment, everything grew quiet,
He observed me getting up, in awe…
He forgot the game for just a while -
Seeing me becoming red and riled,
Fisher quickly settled for a draw.

1972

***

Может быть, покажется странным кому-то,
Что не замечаем попутной красы, -
Но на перегонах мы теряем минуты,
А на остановках - теряем часы.

Посылая машину в галоп,
Мы летим, не надеясь на Бога!..
Для одних под колесами - гроб,
Для других - просто к цели дорога.

До чего же чумные они человеки:
Руки на баранке, и - вечно в пыли!..
Но на остановках мы теряем копейки,
А на перегонах - теряем рубли.

Посылая машину в галоп,
Мы летим, не надеясь на Бога!..
Для одних под колесами - гроб,
Для других - просто к цели дорога.

1972

***

You may find it strange that beauty is fleeting
And we're missing the scenery, fully engrossed,
However we're losing just minutes while speeding,
While standing in terminals, - hours are lost.

Sending the car into gallop, we rave, -
We are flying around the bend!...
And our wheels will lead some of us into the grave,
While for others, they're – means to an end.

These people are wild, unruly and frantic:
All covered with dust, but always intent!...
However we're spending just pennies while standing,
While racing each other, - dollars are spent.

Sending the car into gallop, we rave, -
We are flying around the bend!...
And our wheels will lead some of us into the grave,
While for others, they're – means to an end.

1972

***

Мосты сгорели, углубились броды,
и тесно - видим только черепа,
и перекрыты выходы и входы,
и путь один - туда, куда толпа.

И парами коней, привыкших к цугу,
наглядно доказав, как тесен мир,
толпа идет по замкнутому кругу...
И круг велик, и сбит ориентир.

Течет под дождь попавшая палитра,
врываются галопы в полонез,
нет запахов, цветов, тонов и ритмов,
и кислород из воздуха исчез.

Ничье безумье или вдохновенье
круговращенье это не прервет.
Не есть ли это - вечное движенье,
тот самый бесконечный путь вперед?

1972

***

All bridges burnt, these fords cannot be crossed,
It's crowded – the skulls alone shine black.
All entrances and exists have been closed,
There's just one way – together, with the pack.

And as two horses, harnessed in a chain,
Depicting how the world is tightly joined,
The pack is moving on the circle in its lane…
This circle's large, without a reference point.

The palette runs, caught in the pouring rain
And bursting gallops play a polonaise,
No rhythms, colors, scents or tones remain
And from the air, all oxygen's erased.

No thoughtlessness and no inspired devotion
Can ever break this circular closed set.
But is this, after all, - perpetual motion,
This obstinate and endless drive ahead?

1972

Мой Гамлет

Я только малость объясню в стихе –
На все я не имею полномочий...
Я был зачат, как нужно, во грехе –
В поту и нервах первой брачной ночи.

Я знал, что, отрываясь от земли,-
Чем выше мы, тем жестче и суровей;
Я шел спокойно прямо в короли
И вел себя наследным принцем крови.

Я знал - все будет так, как я хочу,
Я не бывал внакладе и в уроне,
Мои друзья по школе и мечу
Служили мне, как их отцы - короне.

Не думал я над тем, что говорю,
И с легкостью слова бросал на ветер –
Мне верили и так, как главарю,
Все высокопоставленные дети.

Пугались нас ночные сторожа,
Как оспою, болело время нами.
Я спал на кожах, мясо ел с ножа
И злую лошадь мучил стременами.

Я знал - мне будет сказано: "Царуй!" –
Клеймо на лбу мне рок с рожденья выжег.
И я пьянел среди чеканных сбруй,
Был терпелив к насилью слов и книжек.

Я улыбаться мог одним лишь ртом,
А тайный взгляд, когда он зол и горек,
Умел скрывать, воспитанный шутом,-
Шут мертв теперь: "Аминь!" Бедняга Йорик!..

My Hamlet

Just briefly, I'll explain myself herein,
I don't have strength to bring it all to light...
I was conceived, the proper way, in sin -
In sweat and tenseness of the wedding night.

I knew, when separating from the earth, -
The higher up, the harsher we became;
I walked towards the throne that I deserved
And acted like an heir by blood and name.

I knew that all would be just as I ruled,
And I was never at a loss and never down,
My swordsmen and my mates from school
Were loyal, like their fathers, to the crown.

I never thought about the words I spoke.
I threw my words into the wind with pleasance-
I was a leader and my rank evoked
Devoted trust from noble adolescents.

We made the guards feel restless in the night,
And like a pox, we blighted others near us.
I slept on leather, ate right off the knife,
And beat my angry horse with stirrups.

"Long live the King!" – I had foreseen this cry, -
The destiny has branded me at birth.
Around chased harnesses, I would get high,
I'd disregard abuse of books and words.

I'd smile with my lips while being pestered.
My mystic stare, when it is sad and mourning -
I've learned to hide it, brought up by jester, -
And now the jester's dead: "Amen!" Poor Yorick!..

Но отказался я от дележа
Наград, добычи, славы, привилегий:
Вдруг стало жаль мне мертвого пажа,
Я объезжал зеленые побеги...

Я позабыл охотничий азарт,
Возненавидел и борзых, и гончих,
Я от подранка гнал коня назад
И плетью бил загонщиков и ловчих.

Я видел - наши игры с каждым днем
Все больше походили на бесчинства,-
В проточных водах по ночам, тайком
Я отмывался от дневного свинства.

Я прозревал, глупея с каждым днем,
Я прозевал домашние интриги.
Не нравился мне век, и люди в нем
Не нравились,- и я зарылся в книги.

Мой мозг, до знаний жадный, как паук,
Все постигал: недвижность и движенье,-
Но толка нет от мыслей и наук,
Когда повсюду им опроверженье.

С друзьями детства перетерлась нить,
Нить Ариадны оказалась схемой.
Я бился над словами "быть, не быть",
Как над неразрешимою дилеммой.

Но вечно, вечно плещет море бед,-
В него мы стрелы мечем - в сито просо,
Отсеивая призрачный ответ
От вычурного этого вопроса.

But somehow I began to go through changes,
I turned my back on spoils, fame and class:
I felt responsible for senseless deaths of pages,
And rode around the newly sprouted grass…

I lost the thrill for hunting, lost its aim,
I started to despise greyhounds and beagles,
I sped my horse away from wounded game,
And coldly flogged the huntsmen and the beaters.

I watched our games with every single night
Turn more and more into disgrace of time, -
And by the flowing rivers, I would hide
And wash myself from staining filth and slime.

I blossomed, growing dumber as I changed,
I even missed my household's affair.
And I grew colder to the people of my age,
I hid myself in books and lost all care.

My brain, for wisdom greedy like a spider,
Grasped all: quiescency and motion, -
But what is science when you can't apply it,
When all the rest dismiss it with aversion?

I tore the tread with friends and I was free,
The thread of Ariadne was a scheme.
I pondered on the words "to be or not to be,"
Without a resolution to be gleamed.

The sea of grief was raging more intense now,
We'd fight against it; sieving grain to net
The filtered-out, murky, obscure answer
To this pretentious question we had set.

Зов предков слыша сквозь затихший гул,
Пошел на зов,- сомненья крались с тылу,
Груз тяжких дум наверх меня тянул,
А крылья плоти вниз влекли, в могилу.

В непрочный сплав меня спаяли дни –
Едва застыв, он начал расползаться.
Я пролил кровь, как все,- и, как они,
Я не сумел от мести отказаться.

А мой подъем пред смертью - есть провал.
Офелия! Я тленья не приемлю.
Но я себя убийством уравнял
С тем, с кем я лег в одну и ту же землю.

Я Гамлет, я насилье презирал,
Я наплевал на датскую корону,-
Но в их глазах - за трон я глотку рвал
И убивал соперника по трону.

Но гениальный всплеск похож на бред,
В рожденьи смерть проглядывает косо.
А мы все ставим каверзный ответ
И не находим нужного вопроса.

1972

My ancestors called on me to act,
I walked ahead, though reservations loomed,
My heavy thoughts would lift me by my back,
While wings of flesh would drag me to my tomb.

Days melted me into a weak compound,
And barely cooled, it started to diffuse.
Like others I've spilled blood and also found
Revenge's calling too much to refuse.

The rising before death - was my collapse!
Ophelia! My dear, I won't decay.
But killing him, I've made myself, perhaps,
An equal to the one with whom I lay.

I'm Hamlet, I despised injustice and abuse,
I did not give a damn about the crown, -
But in their eyes, I hungered fame and I'm accused
Of sending rivals to the throne into the ground.

The splash of genius is but a wild illusion,
In every birth, we see death's silhouette,
And we keep stating the complex solution,
Not knowing how to frame the question yet.

1972

Прерванный полет

Кто-то высмотрел плод, что неспел, неспел,
Потрусили за ствол - он упал, упал...
Вот вам песня о том, кто не спел, не спел,
И что голос имел - не узнал, не узнал.

Может, были с судьбой нелады, нелады,
И со случаем плохи дела, дела,
А тугая струна на лады, на лады
С незаметным изъяном легла.

Он начал робко - с ноты "до",
Но не допел ее не до...
Недозвучал его аккорд, аккорд
И никого не вдохновил...
Собака лаяла, а кот
Мышей ловил...

Смешно! Не правда ли, смешно! Смешно!
А он шутил - недошутил,
Недораспробовал вино
И даже недопригубил.

Он пока лишь затеивал спор,
спор Неуверенно и не спеша,
Словно капельки пота из пор,
Из-под кожи сочилась душа.

Только начал дуэль на ковре,
Еле-еле, едва приступил.
Лишь чуть-чуть осмотрелся в игре,
И судья еще счет не открыл.

Unfinished flight

Someone spotted a fruit, still unripe,
Shook the branch and it fell with some noise…
There's one who did not sing a line,
And was left unaware of his voice.

Perhaps he had conflicts with fate,
And by chance his plans went amiss,
But the guitar string had already been laid
And its flaw was unknowingly missed.

He started humbly with a "do",
But never finished that one note…
His first accord fell much too flat
And left nobody mesmerized…
A dog was barking, and a cat
Was chasing mice…

It's funny! He was all entwined!
He left his joke half-way complete,
He did not fully taste his wine,
He did not fully take a sip.

He started quarreling, and yet,
He was timid and slow to begin,
And his soul, in large droplets of sweat,
Still perspired from under his skin.

He was only just starting his duel,
He walked slowly onto the floor.
He was not yet aware of the rules
And the ref hadn't opened the score.

Он хотел знать все от и до,
Но не добрался он, не до...
Ни до догадки, ни до дна,
Не докопался до глубин,
И ту, которая одна,
Не долюбил, не долюбил!

Смешно, не правда ли, смешно?
А он спешил - недоспешил.
Осталось недорешено,
Все то, что он недорешил.

Ни единою буквой не лгу –
Он был чистого слога слуга,
И писал ей стихи на снегу,-
К сожалению, тают снега.

Но тогда еще был снегопад
И свобода писать на снегу.
И большие снежинки и град
Он губами хватал на бегу.

Но к ней в серебряном ландо
Он не добрался и не до...
Не добежал, бегун-беглец,
Не долетел, не доскакал,
А звездный знак его - Телец –
Холодный Млечный Путь лакал.

Смешно, не правда ли, смешно,
Когда секунд недостает,-
Недостающее звено –
И недолет, и недолет.

He yearned to know so much at once,
And yet, he never quite advanced…
And no conclusion could be drawn,
He never traveled deep enough,
And her, the one who's still alone,
He lacked a chance to fully love!

It's funny! He was on a roll,
He hurried, ran, but all in vain
And riddles that he hadn't solved
Unsolved remained.

What I'm telling you now aren't lies -
He was pure to the style he held,
On the snow, he was writing her rhymes, -
But of course, every snow has to melt.

But it was snowing that day, and at least,
He was free to write on the snow.
On the run, he would catch with his lips
Crystal flakes in their brilliant glow.

But to her, in a silver-gilt surrey,
He never made it all the way…
He had no time to sprint nor fly,
He never ran, the runaway,
His star-sign - Taurus - from up high,
Just lapped the ice-cold Milky Way.

It's very funny, don't you think?
Not having seconds, time was tight, -
And from a single missing link -
Unfinished flight, unfinished flight.

Смешно, не правда ли? Ну, вот,-
И вам смешно, и даже мне.
Конь на скаку и птица влет,-
По чьей вине, по чьей вине?

1973

Seemed funny, didn't it? Of course,
To you and I, it surely did.
A flying bird, a racing horse, -
Whose fault is it? Whose fault is it?

1973

Чужая колея

Сам виноват - и слезы лью,
И охаю -
Попал в чужую колею
Глубокую.
Я цели намечал свои
На выбор сам,
А вот теперь из колеи
Не выбраться.

Крутые скользкие края
Имеет эта колея.

Я кляну проложивших ее,-
Скоро лопнет терпенье мое,
И склоняю как школьник плохой,
Колею - в колее, с колеей...

Но почему неймется мне?
Нахальный я!
Условья, в общем, в колее
Нормальные.
Никто не стукнет, не притрет -
Не жалуйся.
Захочешь двигаться вперед?
Пожалуйста.

Отказа нет в еде-питье
В уютной этой колее,

И я живо себя убедил -
Не один я в нее угодил.
Так держать! Колесо в колесе!
И доеду туда, куда все.

Someone else's rut

No one's to blame for what I got,
I moan and weep, -
I ended up in someone's rut,
It's long and deep.
I made my plan, I set my goal
Deliberately,
There's no escape for me at all, -
No liberty.

The edges of this dreadful rut
Are slippery and smeared with mud.

I curse the ones who dug me in,
My tolerance is growing thin.
And I'm declining, like a nut:
"To a rut, in a rut, with a rut…"

Why am I eager to break free?
It's not unbearable!
And living in this rut for me
Is not so terrible.
No one can ram you from the side, -
You can't complain.
And you can move, as you decide,
Straight up the lane.

You're free to drink and eat a lot,
It's rather pleasant in this rut.

I've understood - it's not bad luck -
I'm not alone. There's others stuck.
I only have to keep the pace!
And all will end up in one place.

Вот кто-то крикнул сам не свой:
- А ну, пусти! -
И начал спорить с колеей
По глупости.
Он в споре сжег запас до дна
Тепла души,
И полетели клапана
И вкладыши.

Но покорежил он края,
И шире стала колея.

Вдруг его обрывается след -
Чудака оттащили в кювет,
Чтоб не мог он нам, задним, мешать
По чужой колее проезжать.

Вот и ко мне пришла беда -
Стартер заел.
Теперь уж это не езда,
А ерзанье.
И надо б выйти, подтолкнуть,
Но прыти нет -
Авось подъедет кто-нибудь -
И вытянет...

Напрасно жду подмоги я,-
Чужая эта колея.

Расплеваться бы глиной и ржой
С колеей этой самой чужой,-
Тем, что я ее сам углубил,
Я у задних надежду убил.

Then, suddenly, somebody cried:
"Hey, let me pass!"
He fought the rut and lost the fight,
Oh, what an ass.
And in this clash he quickly burned
His soul's reserve,
And bearings burst at every turn
And hit the earth.

He warped the edges in that spot,
And stretched the boundaries of the rut.

He fought because of foolish pride
And now the clown's on the side,
Stuck in the ditch, he can't impede
The rest of us who kept our speed.

But very soon my turn had come -
My engine's dead.
This isn't racing, I've succumbed,
I inch ahead.
I should just push it to the end,
But no, can't do, -
Perhaps, behind me, there's a friend
Who'll pull me through…

I'm waiting in this rut in vain,
I should have picked a different lane.

How I despise this very rut,
I'd like to spit with clay and mud, -
But the deeper I dig in the slime,
The less hope for the rest down the line.

Прошиб меня холодный пот
До косточки,
И я прошелся чуть вперед
По досточке.
Гляжу - размыли край ручьи
Весенние,
Там выезд есть из колеи -
Спасение!

Я грязью из-под шин плюю
В чужую эту колею.

Эй, вы, задние! Делай, как я.
Это значит - не надо за мной.
Колея эта - только моя!
Выбирайтесь своей колеей.

1973

Then I broke out in a sweat. -
The engine roared!
I inched a little bit ahead
Along a board.
Ahead of me, the streams have cleared
My way. I gasped.
The ending of the rut appeared -
I'm safe, at last!

My tires spin and spit out grime,
Back at the rut that I survived.

You, back there! Just do as I do -
To be clear - do not drive after me.
This rut is for me, not for you!
Find your own rut to take to break free!

1973

Притча о Правде и Лжи

Нежная Правда в красивых одеждах ходила,
Принарядившись для сирых, блаженных, калек.
Грубая Ложь эту Правду к себе заманила,-
Мол, оставайся-ка ты у меня на ночлег.

И легковерная Правда спокойно уснула,
Слюни пустила и разулыбалась во сне.
Хитрая Ложь на себя одеяло стянула,
В Правду впилась и осталась довольна вполне.

И поднялась, и скроила ей рожу бульдожью,-
Баба как баба, и что ее ради радеть?
Разницы нет никакой между Правдой и Ложью,
Если, конечно, и ту и другую раздеть.

Выплела ловко из кос золотистые ленты
И прихватила одежды, примерив на глаз,
Деньги взяла, и часы, и еще документы,
Сплюнула, грязно ругнулась и вон подалась.

Только к утру обнаружила Правда пропажу
И подивилась, себя оглядев делово,-
Кто-то уже, раздобыв где-то черную сажу,
Вымазал чистую Правду, а так - ничего.

Правда смеялась, когда в нее камни бросали:
- Ложь это все, и на Лжи - одеянье мое!..
Двое блаженных калек протокол составляли
И обзывали дурными словами ее.

Стервой ругали ее, и похуже, чем стервой,
Мазали глиной, спустили дворового пса:
- Духу чтоб не было! На километр сто первый
Выселить, выслать за двадцать четыре часа.

The Parable about the Truth and the Lie

The gorgeous, delicate Truth was beautifully dressed,
Bringing joy to the cripples and orphans in stride.
The flagrant Lie had invited this Truth as a guest,
Telling her, why don't you stay over here for the night?

And the gullible Truth promptly fell asleep, languid,
Started to drool, as she smiled, all lost in her dream.
The cunning old Lie hogged the pillow and blanket,
Dug its fangs into Truth, and was joyful, it seemed.

With a mug of a bulldog, the Lie was crooked and sly, -
- The Truth's just a tramp, so why all this ado?
There's no difference at all between the Truth and the Lie, -
Strip them both naked, you'll never know who is who.

The careful Lie weaved the ribbons out of her tresses,
Grabbed the beautiful outfits that the Truth often wore,
Took her money, her watch and her documents out of the dresser,
Spat on the floor, cursed aloud, and went for the door.

Not until morning did the Truth realize what transpired,
And when she looked at herself, she was taken aback, -
Someone already got hold of some soot and had mired
The untainted Truth, and abandoned her, dirty and black.

As the people threw stones, she only laughed at the crowd:
- It's a Lie, that is all – and the Lie is wearing my dress!
As two cripples wrote her report, they were angry and loud,
Calling her names, and blaming the Truth for the mess.

They called her a bitch and that was just the beginning,
Then they set off a dog, and covered her with brown clay:
"You're exiled from here!" They enlightened her, grinning:
"You have twenty four hours to leave, so get on your way."

Тот протокол заключался обидной тирадой,
(Кстати, навесили Правде чужие дела):
Дескать, какая-то мразь называется Правдой,
Ну а сама, вся как есть, пропилась догола.

Голая Правда божилась, клялась и рыдала,
Долго болела, скиталась, нуждалась в деньгах.
Грязная Ложь чистокровную лошадь украла
И ускакала на длинных и тонких ногах.

Некий чудак и поныне за Правду воюет,-
Правда, в речах его - правды на ломаный грош:
-Чистая Правда со временем восторжествует,
Если проделает то же, что явная Ложь.

Часто разлив по сто семьдесят граммов на брата,
Даже не знаешь, куда на ночлег попадешь.
Могут раздеть - это чистая правда, ребята!
Глядь, а штаны твои носит коварная Ложь.
Глядь, на часы твои смотрит коварная Ложь.
Глядь, а конем твоим правит коварная Ложь.

1977

Their report had concluded with cruelty, hatred and meanness,
(As they pinned on the Truth someone else's offense)
There's a scum that's called Truth, but frankly, between us,
She just drank herself naked and the rest is pretense.

The naked Truth swore to God and seemed sick and unstable.
She was walking the streets, begging people for change.
The dirty old Lie stole a thoroughbred horse from her stable
And galloped away on the long, skinny legs, disengaged.

Even now, an oddball upholds the pure Truth's travail,
But, if truth be told, there's little of Truth in this guy:
- The untainted Truth will one day surely prevail
If it acts in the fashion of the blatant, deliberate Lie.

Often, when sharing a bottle of booze with your buddies,
You can hardly imagine how you're going to get by.
God's honest truth! You could even get robbed by somebody,
Look, it's your trousers worn by the devious Lie.
Look, it's your watch being checked by the devious Lie.
Look, who is ridding your horse, - it's the devious Lie.

1977

***

Я никогда не верил в миражи,
В грядущий рай не ладил чемодана -
Учителей сожрало море лжи
И выплюнуло возле Магадана.

Но свысока глазея на невежд,
От них я отличался очень мало -
Занозы не оставил Будапешт,
А Прага сердце мне не разорвала.

А мы шумели в жизни и на сцене:
Мы путаники, мальчики пока!
Но скоро нас заметят и оценят.
Эй! Против кто?
Намнем ему бока!

Но мы умели чувствовать опасность
Задолго до начала холодов,
С бесстыдством шлюхи приходила ясность
И души запирала на засов.

И нас хотя расстрелы не косили,
Но жили мы, поднять не смея глаз, -
Мы тоже дети страшных лет России,
Безвременье вливало водку в нас.

1979

***

I'd never be fooled by the mirage's grand features
Or the promise of paradise – I wasn't the one,
But the sea of dishonesty swallowed my teachers
And spat them back out by Magadan.

But looking down from my height on the rest,
I was also a fool and no different in fact,
Not a splinter was left on me by Budapest
And my heart, after Prague, was still beating, intact.

We made some noise in life and on the stage:
Young boys, we only bungled on our mission.
And soon, they'll judge us and the tides will change.
Hey! He's against us?
Beat him to submission!

But we detected danger long before
The freezing chill would overtake us all
And clarity, with shamelessness of whores,
Appeared among us, bolting shut our souls.

No firing squads were threatening my peers,
Still we lived scared, not daring to look up -
We're also kids of Russia's dreadful years,
Hard times poured vodka into us nonstop.

1979

Unfinished Flight

(1938 – 1980)

In his short life, Vladimir Vysotsky became an iconic figure, revered by the Russian people. Best known for his songs, whose topics ranged from realism to fairytales, from comedy to alcoholism, from the gaiety of sports to injustice of the Soviet regime, Vysotsky was much more than a singer. He was poet, a writer, an actor, and a prophet, whose work continues to touch millions of people all around the world.

Made in the USA
Middletown, DE
10 November 2023